AF226784

LETTRE
AU ROI

SUR

LA SITUATION INTÉRIEURE ET POLITIQUE

DE LA FRANCE,

PAR G.-Y. GROUARD, Docteur en Droit.

IIe. ÉDITION, REVUE ET AUGMENTÉE.

PARIS,

CHEZ TESTU ET COMPe., RUE HAUTEFEUILLE, No. 13.

De l'Imprimerie de TESTU, Imprimeur de LL. AA. SS. Mgr. le Duc d'ORLÉANS et Mgr. le Prince de CONDÉ.

Août 1815.

Cette Lettre est extraite d'un Ouvrage du même Auteur, intitulé : Traité analytique des matières principales du Droit et de la Morale, considérées dans leur rapport avec l'état actuel de la civilisation.

Chez { TESTU et Comp^e., rue Hautefeuille, n°. 13.
DELAUNAY, Libraire au Palais Royal.
PELICIER, Libraire au Palais Royal.
WARÉE, Libraire au Palais de Justice.

LETTRE AU ROI

LA SITUATION INTÉRIEURE ET POLITIQUE

DE LA FRANCE.

SIRE,

La France, après vingt-cinq années d'angoisses, vous devait le repos et sa réédification sociale ; mais elle recelait encore le germe de la frénésie ; une convulsion nouvelle s'est manifestée ; des Français ont donné à l'Europe l'exemple le plus scandaleux de l'ingratitude et de la perfidie. Celui qui avait suspendu le crêpe funèbre sur le seuil de presque toutes les familles de l'Europe a été tiré de la retraite, qu'une clémence, trop magnanime peut-être, lui avait accordée ; il a osé se replacer sur le trône qu'il avait usurpé. Il était rentré en France, comme Marius, respirant la vengeance, et se souvenant des marais de Minturnes :

« . . . . . Et tacitum vivit sub pectore vulnus ».

Repoussé par la force morale, il n'a pu trouver d'assiette qu'en s'environnant d'hommes qui, pour conserver des richesses trop facilement acquises, pour obtenir de honteuses grandeurs, ou pour satisfaire un esprit de parti trop actif, se sont habitués à braver toute espèce de considération et à tout hasarder, et propter vitam, vivendi perdere causas. Aussi, pendant les cent jours du second interrègne, on a vu se dérouler le tableau renouvellé de tous les genres d'excès. La conduite de ce gouvernement hétéroclite a démontré que, s'il craignait l'épreuve d'une persécution en masse , il avait résolu de tourmenter partiellement. Ses actions laissaient apercevoir un système de gradation qui, dans sa marche, devait bientôt arriver au rétablissement d'une affreuse tyrannie ou d'une effrayante anarchie, *omen hoc avertite Dî immortales!*

La mésintelligence est la suite nécessaire de l'injustice ; un nouvel excès venait ajouter à un autre excès ; les murmures grossirent, même parmi les prosélytes, parce que la sûreté est la confiance dans la force de tous pour assurer le droit de chacun, et parce que l'offense, faite à un seul, devient la cause de tous. La grande majorité des Français, blessée dans son affection la plus chère, et trop péniblement froissée par le joug qui, progressivement, s'appesantissait sur elle, s'efforçait à secouer le lien funeste qui la retenait. De là, la manifestation des *vœux qu'une police* impériale *cherchait vainement à comprimer; ils s'adressaient au Monarque que, dans leur affliction, les Français appelaient à leur secours.*

Mais ces vœux, dans la presque totalité de la France, ne pouvaient avoir qu'une force négative, insuffisante pour lutter contre l'action du gouvernement, pour dompter l'esprit de vertige et d'imprudence qui s'était emparé de l'armée, et pour comprimer l'effervescence de la classe nombreuse, toujours lasse de dépendance, toujours ennemie d'un ordre de choses légitimement coordonné. Cette situation politique de la France sera recueillie par l'histoire morale des nations pour établir et le danger des gouvernemens militaires, et combien il est prudent de tout faire pour le peuple et rien par le peuple : multitudo aut servit humiliter, aut superbè dominatur.

Les Souverains de l'Europe résolurent enfin d'anéantir le fléau de destruction que la guerre pouvait encore successive-

ment amener chez eux. Ils formèrent une association imposante. Ils semblent avoir adopté, pour mot de ralliement, ces vers d'un poëte célèbre :

Exterminez, grands Dieux! de la terre où nous
    sommes,
Quiconque avec plaisir répand le sang des hommes!

Leurs armées se sont présentées aux frontières ; mais, déjà ces Souverains alliés avaient, par des déclarations solennelles, instruit les Français du but unique de leur expédition; et, lors du premier acte d'hostilité, des proclamations énergiques achevèrent de les éclairer. Ce n'est plus leur asservissement, ce n'est plus la destruction de leur patrie, destruction (comme j'aurai occasion de le prouver dans le cours de mon ouvrage) qu'ils auraient vainement tentée, car la France pro patriâ, laribus et religione pugnans sera toujours invincible : c'est leur délivrance, c'est le don de leur Roi légitime, c'est le gage d'une paix désormais inaltérable qu'on leur assure. L'amour de la

patrie se trouve alors d'accord avec le vœu du cœur; la plupart des villes ouvrent leurs portes, les citoyens posent les armes, et la France est délivrée sans être vaincue.

Les rayons de Phébus ne paraissent pas plus éclatans, quand ils viennent éclairer la terre après une longue nuit, que ne le fut l'effet que produisit l'annonce de la présence de VOTRE MAJESTÉ *dans sa capitale; tous les cœurs lui furent ouverts; un cri général d'alégresse se fit entendre,* spes omnis et fortuna nostri nominis.

Mais ce résultat si heureux, et si ardemment désiré, n'a été obtenu qu'au prix de beaucoup de sang; mais les excès d'une guerre générale ont dévasté le territoire national. La France, l'Europe ont besoin d'une garantie contre le retour de tels malheurs. C'est dans la punition des traîtres qui ont facilité la réintrusion *de l'usurpateur, que réside la garantie plus particulièrement constitutive de sécurité; en évitant toutefois, dans une telle occurrence,* et les excès de sévérité et les abus de l'impunité.

D'abord, on ne peut nier que la révolution, ce tems de dépravation où les mœurs et les idées ne trouvaient aucun frein, n'ait été tres favorable aux intrigans de toute espèce, qui se reconnaissent à ce signe :

> Du mouvement, dit-on, sans lui tout est stérile,
> Le talent sans l'intrigue est un meuble inutile.

et qui finissent par s'accoutumer aux sentimens bas, comme Mithridate s'était habitué au poison. Leur tourbe s'est accrue avec leur audace. On en voit par-tout porter les couleurs qui ne sont dues qu'aux gens de bien; ils ont fait irruption jusque dans le sanctuaire sacré, *pervetere jura divina et humana!*

> A voir la splendeur peu commune
> Dont un faquin est revêtu,
> Dirait-on pas que la Fortune
> Veut faire enrager la Vertu.

Les bons esprits, qui ont été indignés de ce désordre, connaissent le seul moyen de *l'extirper : c'est de renoncer enfin à ce système d'administration composé de matières hétérogènes, système funeste qui tend à allier deux contraires, et qui fait survivre les effets à leur cause : c'est d'éloigner les* profanes *de toute participation à l'administration publique, pour ne la composer que d'hommes* probatæ artis et fidei, *ce qui amènera la guérison du corps politique, et lui assurera une vigueur indomptable.*

Il est de notoriété que l'homme qui a adopté un parti, ou qui même s'est formé une opinion sur un sujet quelconque, abonde toujours dans son sens, et que son erreur ou sa résolution devient souvent indestructible, par cela seul qu'elle a trouvé accès dans son esprit, suo quisque studio ducitur.

D'un autre côté, une maudite expérience démontre que l'intérêt particulier l'emporte par fois sur le devoir, et presque toujours sur l'intérêt public. L'homme est avide de dignités. Il éprouve aussi un penchant naturel à acquérir des richesses par le moyen le plus prompt et le plus commode ; rien ne lui coûte pour atteindre ces objets de toutes ses pensées ; il adopte tous les masques, il affecte toutes les vertus, et, suivant l'expression du bon Lafontaine, il dit, selon les gens : Vive le Roi ! vive la Ligue !

Ces vérités une fois établies, il devient évident que les grandes administrations, si elles étaient composées, ou d'individus trop cupides, ou d'antagonistes du régime politique, ou d'hommes qui, sans être juridiquement infâmes, ne sont point assez purs pour inspirer cette déférence respectueuse sans laquelle le fonctionnaire public fait difficilement le bien, ne pourraient être que dangereuses ; elles n'offriraient point cette union franche et désintéressée hors de laquelle il ne peut y avoir d'action positive ; elles entretiendraient au contraire un foyer de scission, protecteur des dissensions.

Il convient donc de recourir à une épuration dirigée avec ménagement. Il serait possible que cette idée d'épuration excitât quelques murmures ; on doit même s'attendre à quelques cris ; mais il est préférable de trancher le mal dans sa racine, que de le neutraliser par des lénitifs perfides, *medicus crudelis est qui exaudit hominem et parcit vulneri.*

Espérons, d'ailleurs, que le retour au bon ordre sera suivi du retour aux bons principes, et que l'on verra les profanes de toute espèce rentrer dans le néant, de même que l'on voit la vase impure regagner le fond de l'eau troublée, quand l'orage a cessé. Mais, si au lieu de songer à la retraite, si loin de s'enfermer dans l'état d'obscurité qui, seul, peut les faire oublier, ils cherchaient à se maintenir au point de leur étonnante élévation, tous les gens de biens s'uniraient pour leur faire une guerre d'exclusion ; il faut qu'ils aient ce courage, ils le doivent, c'est une œuvre nécessaire : les Croisés défendaient la loi de leurs pères en faisant la guerre aux infidèles.

La conservation des Profanes *dans l'administration publique serait funeste,* elle serait un objet continuel de terreur et de désordre, *ovem lupo committere ;* ils ont fatigué le ciel de leurs parjures ; leurs protestations actuelles ne méritent aucune foi ; à la première occasion, ils ajouteraient un parjure nouveau à leurs parjures passés. Il faut absolument expulser ces frélons audacieux qui s'introduisent dans la ruche pour s'approprier le miel des abeilles.

On aurait tort de prendre cette révélation pour une déclamation ; on verra tôt ou tard l'effet des dangers qu'elle signale :

Quod modo proposui non est sententia, verum
Credite me vobis folium recitare sibyllæ.

Lorsqu'un homme abandonne le chemin de l'honneur, lorsqu'il fait abnégation des sentimens de délicatesse, il sera toujours le fléau de la société, parce qu'il étudie la finesse-pratique des fourberies, et parce qu'il épie tous les moyens d'être impunément méchant. Il sera d'autant *plus dangereux, qu'il sera plus élevé ou plus instruit : les talens sans la vertu, dit Montesquieu, sont des présens funestes, car ils ne sont propres qu'à donner plus de force aux vices.*

Dès qu'on obtient la preuve d'une de ses mauvaises actions, dès qu'il est constant qu'il s'est rendu coupable d'un crime, il faut le terrasser ; il faut le placer sous le glaive des lois qu'il a transgressées ; la peine doit suivre le délit :

........Omne aditum malis percludito.

La société doit être satisfaite ; elle a besoin de la punition du coupable pour effrayer, pour arrêter ceux dont le malin esprit a déjà commencé la dépravation, multis delinquentibus pœna unius debet esse metus multorum. *On ne connaît que trop les dangers de l'impunité : loin de corriger, elle enhardit dans le crime, elle apprend à mieux cacher les délits,* quibus cùm benefeceris pejores fiunt.

On ne sait que trop aussi que cette idée

d'Anacharsis, qui comparait les lois de Solon à des toiles d'araignées qui ne retiennent que des moucherons et que les grosses mouches déchirent, se réalise souvent. Un Gouvernement réparateur ne peut tolérer cet abus. La réunion sociale tend à obtenir la sûreté commune ; la loi doit garantir la vie des citoyens paisibles aux dépens de celle des méchans. Les peines sont établies moins contre les coupables, que contre ceux qui seraient tentés de les imiter. Il faut que tous sachent que chacun répond sur sa tête du mal qu'il peut faire au corps social.

Cependant, la société doit la justice à ceux même qui se déclarent ses ennemis ; elle veut que les peines soient proportionnées aux délits ; elle exclut tout excès de sévérité, *adsit regula peccatis quæ pœnas irroget æquas.* Elle veut, en outre, que les délits soient personnels, et que l'auteur seul supporte la peine de son action, *filius non portabit iniquitatem patris, neque pater iniquitatem filii.*

Et puis, dans les circonstances extra-ordinaires où la France s'est trouvée, on peut dire qu'il est indispensable de légitimer certains faits et de couvrir quelques excès qui ont eu lieu avant la restauration. Il n'est plus possible d'empêcher que ce qui est fait ne soit fait, multa fieri prohibentur quæ facta tenent.

Ceux qui dirigent les rênes de l'Etat doivent apporter le soin le plus scrupuleux à discerner le crime et la perfidie, de la faute et de l'erreur: le crime part de la malice du cœur, il est contre les règles de la nature, il offense la société, parce que c'est une transgression des lois civiles. L'erreur, au contraire, est un fait non médité, c'est un défaut de connaissance presque toujours excusable, sur - tout quand il s'agit du résultat des commotions politiques.

En effet, les nations de l'Europe avaient reconnu le gouvernement que la France *s'était donné ; elles avaient même à ce sujet* stimulé la France*, en déclarant, à une époque remarquable,*

qu'elles

qu'elles ne traiteraient avec elle que lorsqu'elle aurait un gouvernement régulier.
Est-il dès-lors étonnant qu'un grand nombre de bons citoyens y ait pris part et l'ait
servi fidèlement? L'entraînement à cet
égard fut tel, que beaucoup d'anciens privilégiés, d'anciens hauts et puissans sei-
gneurs briguèrent les faveurs du puissant
d'alors, et tinrent à honneur d'exercer
diverses fonctions publiques. Ils y furent
amenés par le torrent commun. Ce ne serait pas leur rendre justice que de croire
qu'ils méditassent, dès-lors et en ca-
chette, un vaste plan de perfidie. Il n'est
personne qui ne sache que la perfidie est
une mauvaise action et qu'elle est répré-
hensible, quel qu'en soit le but; il en est
peu qui osent dire avec détermination :

Il faut des conjurés flattant la lâche estime,
Pour servir la vertu, jurer encore le crime.

Ceux qui aujourd'hui viendraient se
vanter de cet horrible manège, ne seraient
pas crus, non audiendus propriam tur-
pitudinem allegans. Ils ne recueilleraient

B

que mépris; une bassesse ne peut être utile à l'usage de la vertu, elle ne sert qu'à agrandir la carrière du vice, in delictis scilicet non laudari auctorem.

Mais, sont-ils coupables, sont-ils même blâmables, ceux qui se sont associés au gouvernement sous lequel les Français, encore bouillans de quinze années de fougue et d'agitation, avaient cru devoir se rallier? Non, sans doute; c'est le cas de l'application de cette maxime : Error communis facit jus. *Certes, si quelque chose peut constituer une commune erreur, c'est l'assentiment de tous les Souverains de l'Europe, qui, dans des circonstances difficiles, ont traité d'*égal à égal *avec le chef du Gouvernement français; un d'eux lui donna sa fille chérie en mariage! Les Français, dès-lors, ne pouvaient que secrètement accorder des larmes à leur Roi légitime et à leurs Princes proscrits, mais ils devaient obéissance à* Napoléon, général d'un million de soldats.

Ce n'est donc point dans les opinions, moins encore dans les services rendus à Napoléon, avant sa première abdication, qu'on peut rechercher des motifs de proscription ou de défaveur. Aussi, Votre Majesté, par une magnanimité qui appartient aux Bourbons, avait, en s'asseyant sur le trône de ses pères, dédaigné le soin d'un pardon individuel, pour effacer plus complétement le passé.

D'un autre côté, des publicistes trop célèbres avaient, depuis long-tems, préconisé avec force l'influence des idées libérales. L'indépendance, que Cicéron a définie cujus proprium est sic vivere ut velis, sera toujours le bien le plus précieux de l'homme civilisé. Le Français est naturellement porté à ne reconnaître d'autre assujétissement que celui qui lui est imposé par la nature, ou que l'équilibre du corps social rend nécessaire, libertas naturâ competit hominibus, id est jure naturæ præcedente factum omne humanum. Grotius, de jure belli ac pacis. *Lib.* 2, *cap.* 22, §. 11.

Et, pour dire toute la vérité, la féodalité, la dîme, les privilèges de naissance et tous les excès que ce système mitoyen de servage traîne à sa suite, avaient rendu si nécessaire une commotion politique, qu'il n'est pas étonnant qu'un si grand nombre d'individus ait manifesté une haîne insurmontable contre toute suprématie offensante. *Les Français*, essentiellement bons, comme ils sont naturellement braves, concentrent leurs vœux dans tout ce qui peut assurer leur liberté civile; ils sont tous d'Athènes sur ce point. Le principe sacré de la dignité de l'homme s'est fait entendre; les progrès des lumières ont éclairé la raison. La force naturelle des choses l'emportera toujours sur les combinaisons de la superstition. Il n'est pas plus possible de maintenir le monde dans un état d'ignorance, que d'empêcher un enfant de parvenir à l'âge mûr, *remisceri suæ naturæ*.

L'expérience est la pierre de touche des institutions humaines; ses révélations ne pouvaient être dédaignées par un monarque dont l'esprit et les vertus commandent l'amour que ses sujets lui ont juré; aussi, Votre Majesté s'est empressée de donner aux Français une Charte constitutionnelle appropriée à l'état actuel des mœurs, qui, en écartant les préjugés d'une antique tradition, décrit l'étendue de liberté que peut prétendre chaque citoyen, ou qui plutôt rend véritablement la liberté civile ce qu'elle doit être.

Par cette concession, SIRE, vous vous êtes associé aux partisans des idées libérales; par-là, vous avez sanctionné le mobile du grand élan patriotique; par-là, vous alliez la différence qu'on pourrait remarquer entre la politique d'un Roi et le génie d'un grand homme; par-là, enfin, vous assurez le bonheur du peuple, parce que l'obéissance sera glorieuse, dès que le commandement est auguste.

Vous le savez, SIRE, et vous avez dit vous-même que, du fond de votre retraite, vous aviez applaudi aux triomphes de l'armée française qui, pendant vingt-trois ans, a combattu pour la France, quoique la France fut régie par des gouvernemens qu'une force invincible de choses a anéantis: cette armée comptait tant d'actions d'éclat !

La voix du monde entier parle assez de sa gloire.

La gloire est une passion; elle raisonne peu; toute passion égare. Et puis, il est si dur de renoncer aux prétentions, aux chimères peut-être de quinze années de triomphe; il est si cruel d'apercevoir ses membres mutilés, de ressentir les souffrances de blessures reçues au champ d'honneur, et de ne pouvoir s'enorgueillir des cris qu'elles arrachent; il est si difficile de contenir une multitude d'hommes de toutes classes, d'autant plus irritatifs qu'ils sont armés et plus braves, qu'il était impossible d'étouffer tout signe de dépit, lorsque, faussement et d'une maniere perverse, on fut parvenu à insinuer aux militaires français que l'on considérait leurs campagnes les plus brillantes comme des brigandages : En outre, cette armée, dont le courage est admiré de toute l'Europe, était si fière d'être commandée par des officiers plébéiens, ce qui, parmi beaucoup d'autres avantages, ouvrait une égale carrière d'avancement à tous, qu'il fut facile aux fauteurs des rebelles d'en user bien perfidement en lui faisant entendre qu'à l'avenir les grades d'officier ne seraient conférés qu'à une classe privilégiée. De sorte que, sous ces deux rapports, on oserait presque dire que l'armée, (par ce mot on entend la masse, abstraction faite des chefs traîtreusement excitateurs), au milieu de ses alarmes, est excusable, jusqu'à un certain point, d'avoir, par un entraînement irréfléchi, montré une sorte de récalcitrance envers des officiers qu'elle n'avait point vus dans ses rangs, pour obéir, trop aveuglément sans doute, à la voix de guerriers élevés dans son sein, et qu'elle avait appris à connaître et à respecter. Le méditateur, se reportant

par la pensée a l'effervescence du moment, se trouve mentalement forcé d'inno-
center ce qu'il condamnerait en d'autres
tems, *multa in modo rei et circumstan-
tiis ejus nova quæ in genere nova non
sunt.*

Hélas ! les militaires français sont
cruellement détrompés ! La conduite ré-
cente de leur ancien chef a fait cesser
toute illusion. Les délaissant, pour la qua-
trieme fois, dans la position la plus déplo-
rable, il fuit en Angleterre ! ! ! Ces militaires seront maintenant d'autant plus
fidèles au Souverain légitime de leur
pays, qu'ils ont épuisé toutes les preuves
de fidélité envers leur ancien maître ; ils
seront d'autant plus fidèles, qu'ils ont
été plus indignement trahis. Ils connaissent
aujourd'hui quelle espèce de récompense
cet homme, dont les dernières années politiques expliquent la vie entière, avait
l'intention d'accorder à leur dévouement !

Usus efficacissimus omnium magister.

Il est donc de justice de tirer le voile

sur tout ce qui ne présente point le caractere positif de la trahison et de la rébellion, ou le signe évident de l'intrigue et de la mauvaise foi, pour ne voir que des Français qui, encore bien qu'ils aient été séduits, encore bien qu'ils aient suivi des routes différentes, n'en marchaient pas moins vers le but de l'amour national. Ce serait prendre la fraction pour l'unité, que de restreindre les faveurs et de n'accorder le titre de bon Français qu'à ceux qui se sont constamment dévoués au culte de la souveraineté légitime; ce culte, quoique méritoire, a vu l'impérieuse nécessité forcer momentanément la désertion de ses autels, quod non est licitum in lege, necessitas licitum facit. Ce serait payer le prix d'affections particulières par des récompenses qui doivent être essentiellement nationales. Un Monarque vertueux prend pour règle de gouverner ses sujets selon les loix de l'Etat, comme Dieu gouverne le monde selon les lois de la nature, c'est-à-dire que sa justice et ses

grâces ne faisant acception ni de personne,
ni de rang, ni de naissance, sont les mêmes pour tous les gens de bien, de même
que le soleil luit pour tous.

L'état de société est l'état naturel des
hommes ; c'est la nature elle-même qui a
établi entr'eux une société générale, en
les assujétissant les uns aux autres par
leurs besoins et par leurs penchans. On
peut définir la société civile une réunion
d'individus qui a pour but la sûreté commune et le bonheur de chacun, et qui tend
à cette fin par l'action d'un pouvoir su-
prème, auquel doivent être soumises les
volontés et les forces des associés : il est
de l'essence de la société civile que le Souverain administrateur abjure toute espèce
de préjugés et tout sentiment de prédilection pour peser dans la balance de l'im-
partialité les actions et les services, les
avantages et les torts de chaque associé :
il est de l'essence de la société civile que
chaque associé ait une part proportionnée
dans les bénéfices, societas cùm contra-

hitur tàm lucri, quàm damni commu-
nio initur. *La convention qui donnerait
aux uns tout ou la majeure partie des
bénéfices, et aux autres tout ou la majeure partie des pertes, serait injuste; elle
rappellerait cette société léonine que peint
une des fables de Fhedre :*

Ego primam (partem) tollo, quià nominor Leo, etc.

*Il n'est plus possible de réhabiliter un
ordre de choses aussi étrange à l'état actuel de la civilisation, aussi peu compa-
tible avec le développement de nos habi-
tudes,* lympha currit vias indociles.

Sire, *le monde entier connaît la bonté
de votre cœur. Vos sujets éprouvent, chaque
jour, que vous avez personnifié la devise
qui ornait les armes de Louis XII :* non
utitur aculeo. *Vous confondrez dans votre
affection et les honnêtes Français qui, jusqu'a la restauration, ont loyalement servi
la France sous les formes diverses de
son gouvernement, et les honnêtes Français qui sont restés purement royalistes.*

Quand on veut qu'un Etat soit de longue durée, dit Aristote, il convient d'intéresser toutes ses parties à sa conservation, et de la leur faire désirer.

La franchise me force à dire que, dans les premiers mois de la restauration, les hommes puissans n'étaient environnés que de privilégiés qui ne se faisaient guères remarquer que par leur air suranné, ou leur ton ridiculement fat :

Non tali auxilio, nec defensoribus istis
Tempus eget........

ou d'esprits turbulens qui s'agitaient autour du pivot qui les fixait, et préféraient d'ébranler l'édifice, aux risques d'être écrasés sous ses ruines, plutôt que de demeurer dans un état de tranquillité. Cette nuance de prédilection pour certains privilégiés disparaîtra, cela doit être; car, en y réfléchissant, avec soin, on reconnaît que, lors de l'invasion comme dans les développemens de la longue maladie politique de la France, il y a eu des torts réciproques. Les uns ont été entraînés par er-

reur ou par une direction forcée, les autres par un calcul d'intérêt ou par l'élan d'une ambition d'autant plus vive qu'elle avait été plus long-tems comprimée. Les uns ont péché par excès de zèle, les autres par défaut de zèle, peccavit alter nimiâ charitate, alter defectu charitatis.

On peut le prouver par la citation d'un seul fait ; le respect que l'on doit aux classes les plus élevées ne peut aller jusqu'à sacrifier la vérité : Au commencement de la révolution, le délabrement des finances exigeait l'emploi de moyens promptement réparateurs ; les nobles et les prêtres qui, à raison de leurs immunités, avaient acquis des richesses immenses, pouvaient efficacement venir au secours de l'Etat ; une irascibilité aveugle leur fit refuser toute assistance pécuniaire, patrum in natos transeunt cum semine morbi. Certes, cela ne peut justifier, ni la violence de la réaction qui a été dirigée contre eux, ni les actions blâmables qui se sont prolongées pendant tant d'années ; du moins

on peut en inférer une réciprocité quelconque de fautes et d'erreurs, et dès-lors
le besoin d'étouffer, dans une réconcilia-
tion bien franche, tous les germes de dis-
corde ou d'animosité.

Iliacos intrà muros peccatur et extrâ.

La prudence doit être la regle de toutes
les actions; c'est elle qui, dans les évé-
nemens les plus accablans, fait connaître
et pratiquer les moyens curatifs; c'est elle
qui, dans les crises politiques, éclaire les
sinuosités et conduit heureusement jusqu'à
l'issue; aussi, tel est son effet, que Juvénal
prétend qu'elle a pour soi tous les Dieux:

Si sit prudentia nullum numen abest.

Les mêmes raisons de justice et de prudence qui assureront le repos intérieur,
garantiront aussi le repos de l'Europe.
Les Souverains alliés ont l'intention d'etre
généreux envers VOTRE MAJESTÉ ; ils
le doivent aux malheurs des descendans
de Saint Louis; ils le doivent a une grande
Nation stupéfaite de sa position; ils le
doivent à eux-mêmes. On n'est vérita-

blement grand que lorsqu'on atteint la hauteur de son office : la magnanimité d'un souverain est la modération dans la victoire. On ne s'appuye ni sur les promesses, ni sur l'alliance formées par la nécessité. Il existe en ce cas des restrictions mentales : on a agi comme forcé et contraint ; on use d'un droit tacite qui consiste à désavouer la chose obligée qui n'aurait point eu lieu, extrà casum extremæ necessitatis. Ce qu'on obtiendrait par la violence se ressentirait toujours du vice de son origine, et pourrait autoriser l'emploi de l'arme du désespoir, toujours si terrible dans son développement, toujours si fatale dans ses conséquences.

Il est d'ailleurs difficile de le dissimuler : c'est moins à la valeur, quelque belliqueuse qu'elle soit, des armées alliées qu'appartient la conquête de la France, qu'à cet esprit de fluctuation qui, d'une part, et à ce sentiment d'entraînement qui, d'autre part, ont divisé l'opinion publique.

Toute puissance est faible à moins que d'être unie.

Deux partis partageaient la France ; l'un, et sur-tout celui qui réunissait la puissance morale, proclamait Louis XVIII pour son Roi légitime. Les Souverains alliés avaient hautement déclaré qu'ils venaient comme amis, et même comme protecteurs du maître chéri du plus grand nombre. Les causes qui pouvaient résister à l'invasion ont diminué en raison directe de l'intérêt ou du désir que chacun apportait à ce que l'invasion eût lieu, comme moyen d'affranchissement.

Ce ne serait peut-être pas trop hasarder que d'avancer qu'il paraît assez clairement démontré, aux yeux de l'observateur, que la catastrophe fameuse qui, a Waterloo, rendit la France si vulnérable, doive, pour beaucoup, être imputée à l'hésitation, à la désunion, au penchant secret ou actif des français. On ne combat victorieusement que lorsqu'on est animé des mêmes sentimens, discordiâ res maximæ dilabuntur.

Ce qui le prouve, c'est que le drapeau blanc

blanc a été généralement accueilli ; c'est que la Capitale elle-même, tant pour épargner l'effusion du sang, que pour faciliter l'arrivée de son Roi, a ouvert ses portes. Les troupes alliées ont dû être étonnées, pour la seconde fois, de se trouver si facilement au sein de la France, et de se voir logées au milieu de Paris !!!

Ce n'est donc point par droit de conquête que les armées étrangères occupent la majeure partie des départemens français. Cette situation particulière exige une dérogation au droit ordinaire de la guerre. Ce serait punir le grand nombre des français (et c'est la saine majorité qui forme la nation) de son attachement à son Roi et de sa confiance aux promesses des Souverains alliés, que de ruiner la France par des réquisitions arbitraires ou excessives qui, quoi qu'on en ait dit, continuent à être perçues sous des formes diverses ; que d'abuser d'un accueil fraternel pour prolonger un séjour, désormais sans objet, et qui pourtant, en résultat, épuise toutes

C

les ressources de la France. On se souvient de cet adage immortel de Henri IV : Si on ruine mon peuple, qui me nourrira? qui soutiendra les charges de l'Etat? Vive Dieu! s'en prendre à mon peuple, c'est s'en prendre à moi.

Ce serait peu respecter les droits que les Souverains alliés ont proclamés ; ce serait porter atteinte à la bonne amitié qu'ils ont vouée à la France Bourbonienne, que de ne laisser aux Bourbons que la triste expectative d'un règne sur des ruines et sur des décombres. Ce serait leur avoir rendu un service d'autant plus funeste, qu'il est difficile de séparer l'idée de ces maux, de la nécessité cruelle où les Bourbons se sont trouvés de consentir à l'invasion de leur patrie, remedia non sint morbo graviora.

Ne peut-on pas dire aussi que c'est la cause des Rois que les Souverains alliés soutiennent en ce moment ? Une expérience rapide leur avait appris que le droit public de l'Europe avait besoin d'être re-

trempé. *Ils ont senti qu'il importait de faire un retour sur la politique qui leur avait fait admettre ou reconnaître Napoléon I*^{er}*., et, répétant la maxime de Joseph II :* Mon métier, à moi, c'est d'être royaliste, *de se rattacher, comme à l'ancre du salut, au principe de la succession héréditaire du Trône.*

Il y a bien des siècles que Solon avait dit qu'il ne faut pas vouloir plier les mœurs au gouvernement, mais former le gouvernement pour les mœurs ; *ce qui était la réfutation anticipée de cette maxime professée par Fénélon*, que le peuple est fait pour le trône, et non le trône pour le peuple. *Aussi, certains publicistes considéraient la puissance royale comme une commission conférée par le peuple lui-même, instituée pour ses propres intérêts, révocable à sa volonté, et non comme la propriété exclusive d'une seule famille.*

Si un tel principe avait pu s'accréditer, il eût été à jamais fatal dans ses conséquences, residet in eâ re periculum. *Il eut menacé l'Europe d'un bouleversement continuel ; il devait etre proscrit. Ce ne sera que quand la succession héréditaire au trône sera généralement reconnue comme seule légitime, que la sécurité et l'inviolabilité environneront les Souverains. Ce point de droit public est désormais irréfragable ; il est appuyé sur cette longue prescription que, dans l'énergie de son style, Cicéron appelait* patrona generis humani ; *il est soutenu par l'excellence de son utilité ; et il vient d'etre sanctionné par un exemple mémorable. Espérons qu'il assurera une longue paix ; les pleurs de l'Europe la réclament ; l'Europe en a besoin pour guérir toutes ses plaies.*

Mais, il suffit que chaque Souverain eût un intérêt plus ou moins direct, ou plus ou moins éloigné, a faire fixer invariablement ce point important, pour que chaque Souverain doive être généreux, et qu'il regarde, comme indigne de lui, de tarifer les efforts qu'il a faits à cet égard sur la valeur de sacrifices et de rétributions qui ne peuvent être prélevées que sur un de ses alliés, *societas jus quodam modo fraternitatis in se habet.*

La France a repris le cours naturel de ses destinées ; son Roi légitime est assis sur le trône de ses peres. L'assentiment et l'amour de la nation ne peuvent etre douteux. Les cris, ou, si l'on veut, les signes de contraction qu'on remarque encore dans quelques énergumenes, ressemblent aux traits émoussés du vieux Priam ; ils ne produisent aucun effet dangereux ; on peut leur appliquer ce vers digne d'être plus connu :

Le peuple qui se tait, médite sa vengeance.

L'éloignement désormais inabordable de l'auteur principal de la calamité publique ; la punition des traîtres qui l'avaient secondé dans son horrible projet, comblent la mesure de l'exigence. La France doit donc être débarrassée de toute influence

étrangère ; replacée sur son point naturel, le calme va se fixer, les esprits s'ap-
paiseront, on s'entendra mieux, et on re-
connaîtra ses erreurs : erreurs même qui
serviront à guider l'expérience, en désen-
chantant l'imagination, en rectifiant les
idées, et en indiquant le mieux possible,
quod bonum est tenete.

*Il est de l'équilibre politique de faire
cesser l'idée que la présence de bayonnet-
tes, non nationales, soit nécessaire pour le
complément de la restauration française.
L'épreuve du malheur est le signal du retour aux bons principes. La progression se
fait rapidement : l'active composition des
colléges électoraux, la scrupuleuse pré-
voyance des électeurs, le patriotisme éclairé
des élus, préparent à la représentation na-
tionale le caractère auguste de cette per-
fection, légitimement modérée, qui est la
seule possible. Enfin le véritable enthou-
siasme qui, à la Fête patronale de* Votre
Majesté, *a éclaté de toutes parts, et ces
acclamations si touchantes et si énergi-*

ques : Vive notre bon Roi, vive le sauveur de la France, *qui, par amour des uns et par componction des autres, ont été unanimes, garantissent un avenir plus prospère.* C'est le retour de l'oiseau de bon augure qui annonce aux inquiets habitans de l'arche que le déluge a cessé.

SIRE, *après plusieurs années d'étude et de travail assidus, je viens de terminer un ouvrage que j'ai cru utile, et que j'ai intitulé :* Traité analytique des matières principales du Droit et de la Morale, *considérées dans leur rapport avec l'état actuel de la civilisation. Je l'ai rédigé d'après l'esprit actuel du siècle, en essayant pourtant à le rattacher aux principes d'équité et de morale que la licence de la révolution a par trop relâchés.*

Les livres de droit et de morale, qui ont paru depuis vingt-cinq ans, ont dû s'assimiler au régime politique et législatif qui gouvernait la France ; il en est résulté des maximes perverses que leurs auteurs désavouent eux - mêmes en ce moment. Il est à désirer que tous ces livres soient prochainement améliorés ; il faut effacer jusqu'aux moindres traces, si on veut écarter les douleurs du souvenir. Des mains habiles se chargeront sans doute de cette réforme. Pour moi, je m'applaudis d'avoir pris l'initiative. La seule récompense que j'ambitionne, est que les honnetes gens applaudissent à la droiture de mon intention, si mon ouvrage ne répond point à leur attente.

SIRE, j'aurai l'honneur d'apporter successivement, au pied du trône de VOTRE MAJESTÉ, chacun des quatre volumes qui le composent, comme ma fleur du bouquet que les Français renouvellent chaque jour pour fêter le retour de leur bon Roi.

Je suis avec le plus profond respect,

SIRE,

DE VOTRE MAJESTÉ,

Le très humble, très soumis et très-dévoué serviteur et sujet,

G.-Y. GROUARD.

www.ingramcontent.com/pod-product-compliance
Lightning Source LLC
Chambersburg PA
CBHW061347050726
47595CB00005B/2114